Impressum
Verlag: BABADADA GmbH, Nedderfeld 112 , 22529 Hamburg
Geschäftsführer / Verlagsleitung: Harald Hof
Druck: Books on Demand GmbH, In de Tarpen 42, 22848 Norderstedt

Imprint
Publisher: BABADADA GmbH, Nedderfeld 112 , 22529 Hamburg, Germany
Managing Director / Publishing direction: Harald Hof
Print: Books on Demand GmbH, In de Tarpen 42, 22848 Norderstedt, Germany

ښوونځی

مدرسه

کلاس درس
تقسیم
تقسیم کردن
186/2
بورډ
تخته
د ښوونځي حویلی
حیاط مدرسه
ښوونکی
معلم
ورق
کاغذ
لیکل
نوشتن
قلم
خودکار
ډیسک
میز تحریر
خط کش
خط کش
کتاب
کتاب
زده کونکی
دانش آموز

پنسل

مداد

د پنسل بکسه

جامدادی

کڅوړه

کیف مدرسه

د رسامۍ پاڼه

دفتر رسم

ربړ

پاک کن

پنسل تراش

تراش

2 مدرسه - ښوونځی

د نقاشی بکس

جعبه ی آبرنگ

د نقاشی برس

قلم مو

رسامي

طراحی

د تمرین کتاب

کتاب تمرین

سریښ

چسب

قیچي

قیچی

جمع

جمع کردن

شمیر

رقم

کورنی دنده

تکلیف خانه

حساب

محاسبه کردن

ضرب

ضرب کردن

منفي

تفریق کردن

hello

کلمه

کلمه

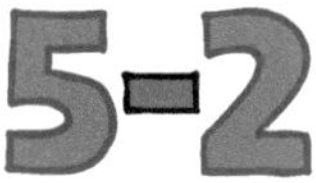

ABCDEFG
HIJKLMN
OPQRSTU
VWXYZ

الفبا

الفبا

A

توری

حرف الفبا

تباشیر
....
گچ

لوستل
....
خواندن

متن
....
متن

ازموینه
....
امتحان

راجستر
....
ثبت نام

درس
....
درس

تعلیم
....
تحصیلات

د ښوونځي یونیفارم
....
لباس مدرسه

تصدیق پاڼه
....
مدرک رسمی

مایکروسکوپ
....
میکروسکوپ

پوهنتون
....
دانشگاه

دایره المعارف
....
دانشنامه

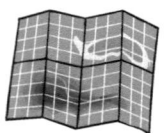

اشغالدانی
....
سبد کاغذ باطله

نقشه
....
نقشه

سفر

سفر

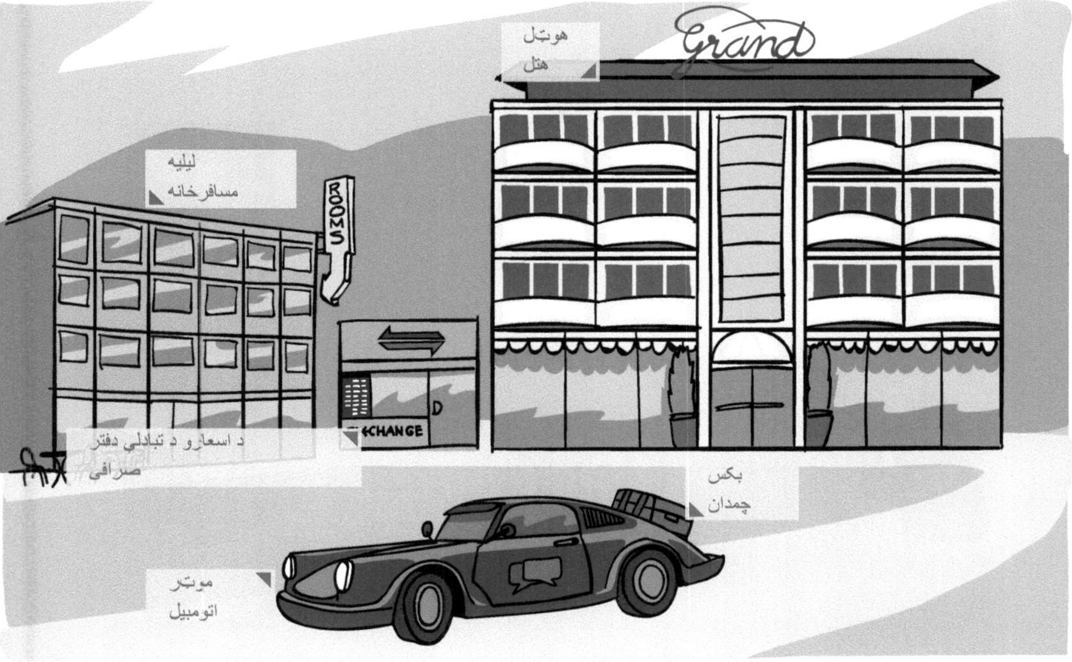
هوټل
هتل
Grand
لیلیه
مسافرخانه
ROOMS
د اسعارو د تبادلې دفتر
صرافی
EXCHANGE
بکس
چمدان
موټر
اتومبیل

ژبه

زبان

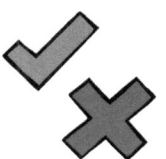

هو/نه

بله / خیر

سمه ده

اکی

سلام

سلام

ژباړونکی

مترجم

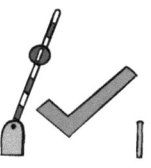

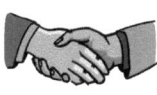

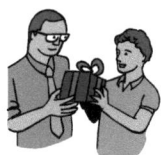

مننه

ممنون

ستونزه

مشکل

زه نه پوهیږم

من متوجه نمی شوم

څومره دي...؟

قیمت ... چه قدر است؟

شپه په خیر!

شب بخیر!

سهار په خیر!

صبح بخیر!

ماښام مو پخیر!

عصر بخیر! / شب بخیر!

سامان

بار سفر

لارښود

جهت

په مخه مو ښه

خدانگهدار

میلمه

مهمان

شاتنی بکس

کوله پشتی

بیگ

کیف

خیمه

خیمه

د خوب کڅوړه

کیسهٔ خواب

خونه

اتاق

کریدیټ کارت
....
کارت اعتباری

ساحل
....
ساحل

د توریزم معلومات
....
مرکز راهنمای گردشگران

د شپې خواره
....
شام

د غرمې خواره
....
نهار

ناری
....
صبحانه

مهر
....
مهر

لفټ
....
آسانسور

ټیکټ
....
بلیط

سفارت
....
سفارتخانه

ګمرک
....
گمرک

پوله
....
مرز

پاسپورټ
....
گذرنامه

ویزه
....
ویزا

حمل و نقل

الوتکه
هواپیما
کشتی
د اور ماشین
ماشین آتش نشانی
بس
اتوبوس
کامیون
قایق موتوری
بایک
دوچرخه
اتومبیل

موټرسایکل
....
موتورسیکلت

کښتۍ
....
قایق

کښتۍ
....
کشتی مسافربری

کرایي موټر
....
ماشین کرایه ای

د ریس موټر
....
ماشین مسابقه

د پولیسو موټر
....
ماشین پلیس

د کرايه موټری

به اشتراک گذاری اتوموبیل

جرثقیل لرونکی ټرک

جرثقیل

ریفیوز ټرک

ماشین حمل زباله

موټر

موتور

سونګ ټوکي

بنزین

پټرول سټیشن

پمپ بنزین

ترافیکي نښه

تابلو راهنمایی و رانندگی

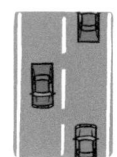

ترافیک

عبور و مرور

جام ترافیک

ترافیک

ـ موټرو ټمځای

پارکینگ

د ریل سټیشن

ایستگاه قطار

پاټتکي

ریل راه آهن

ریل

قطار

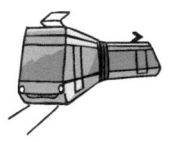

ترام

قطار برقی

واګون

واگن

برج

برج

هوايي ډګر

فرودگاه

چورلکه

هلیکوپتر

کارتون

کارتن

کانټينر

کانتینر

مسافر

مسافر

الوتنه کول/کښېناستل

به پرواز درآمدن / فرود آمدن

ټوکرۍ

سبد

کارت

گاری

ښار
شهر

کور

خانه

د ښار مرکز

مرکز شهر

کلی

دهکده

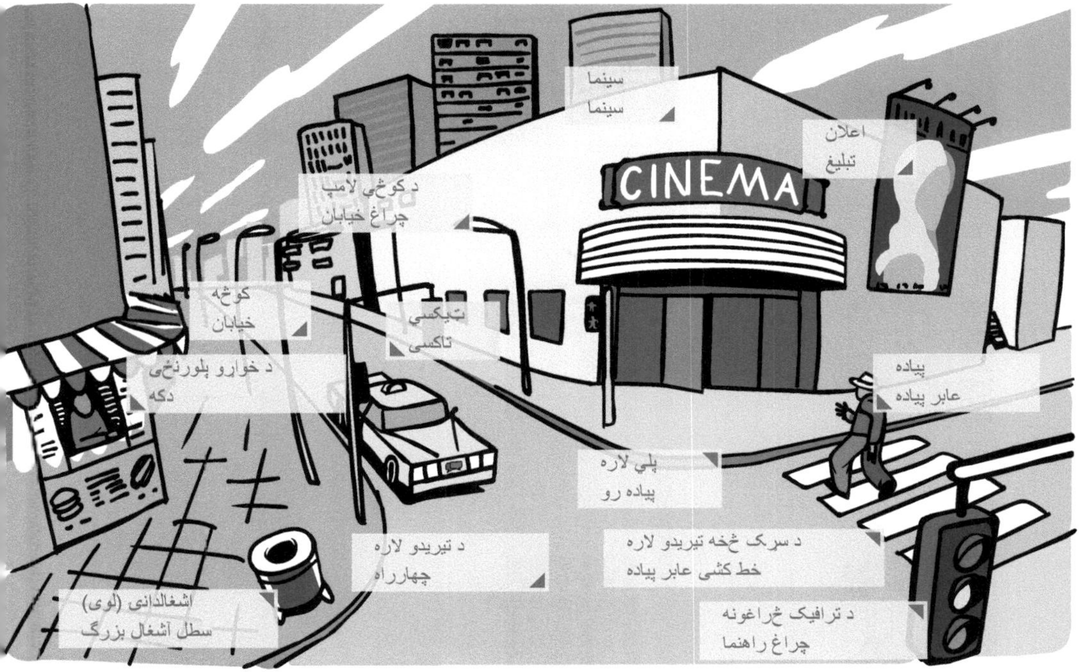
سینما
سینما
اعلان
تبلیغ
د کوڅې لامپ
چراغ خیابان
کوڅه
خیابان
ټیکسي
تاکسی
د خوارو پلورنځی
دکه
پیاده
عابر پیاده
پلي لاره
پیاده رو
د تیریدو لاره
چهارراه
د سړک څخه تیریدو لاره
خط کشی عابر پیاده
اشغالدانی (لوی)
سطل آشغال بزرگ
د ترافیک څراغونه
چراغ راهنما
CINEMA

د ریل سټیشن

ایستگاه قطار

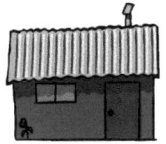

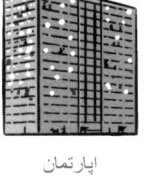

اپارتمان

آپارتمان

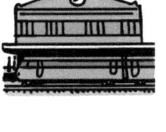

کوډله

کلبه

ښوونځی

مدرسه

MUSEUM

میوزیم

موزه

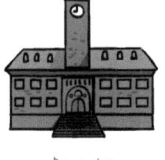

ټاون هال

ساختمان شهرداری

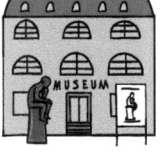

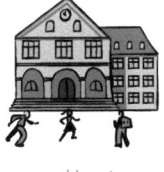

روغتون
....
بیمارستان

بانک
....
بانک

پوهنتون
....
دانشگاه

دفتر
....
اداره

درملتون
....
داروخانه

هوټل
....
هتل

د ګلانو پلورنځی
....
گل فروشی

پلورنځی
....
مغازه

کتاب پلورنځی
....
کتابفروشی

د ډیپارټمنټ سټور
....
فروشگاه بزرگ

مارکیټ
....
بازار

لوی پلورنځی
....
سوپرمارکت

لنگرتون
....
بندر

د پلور مرکز
....
مرکز خرید

کب پلورنځی
....
ماهی فروش

پارک
....
پارک

بينچ
....
نیمکت

پل
....
پل

زينه
....
پله

د ځمکې لاندې
....
مترو

تونل
....
تونل

بس تمځای
....
ایستگاه اتوبوس

بار
....
میخانه

ریسټورانټ
....
رستوران

پوست بکس
....
صندوق پست

د کوڅې نښه
....
تابلوی خیابان

د پارک کولو میټر
....
دستگاه پارکومتر

ژوبڼ
....
باغ وحش

د لامبو حوض
....
استخر شنای عمومی

مسجد
....
مسجد

هدیره
....
قبرستان

ناپاکي
....
آلودگی محیط زیست

کرونده
....
مزرعه

معبد/کلیسا
....
معبد

د لوبو ډګر
....
زمین بازی

چرچ
....
کلیسا

منظره

چشم انداز

پاڼه
برگ
د لارښوونې نښه
تابلوی راهنمای مسیر
لاره
راه
چمن
چمنزار
کاڼی
سنگ
هیکر
راه نورد
ونه
درخت
سیند
رودخانه
چمن
ګل
گل

ناور

....

دریاچه

غونډۍ

....

تپه

دره

....

دره

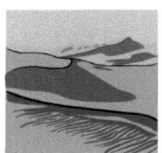

اورشیندی

....

کوه آتشفشان

دښته

....

بیابان

ځنګل

....

جنگل

مرخيړي

....

قارچ

رنګین کمان

....

رنگین کمان

کلا

....

قلعه

الوتل

....

مگس

ماشي

....

پشه

پلم ونه

....

درخت نخل

غونډل/جولا

....

عنکبوت

مچۍ

....

زنبور

میږی

....

مورچه

نولی

سنجاب

چونګښه

قورباغه

ګونګټ

سوسک

ګونګ

جغد

سوی

خرگوش صحرایی

زیږکی

جوجه تیغی

نرخوګ

گراز

قازه

قو

مرغۍ

پرنده

بند

سد آب

ګاوزه

گوزن شمالی

هوسۍ

گوزن نر

اقلیم

آب و هوا

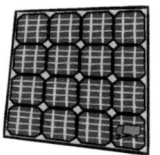

سولر تختي

صفحه ی خورشیدی

بادي توربین

توربین بادی

ریسټورانټ

رستوران

مینو
منوی غذا
صندلی
سوپ
سوپ
پیزا
پیتزا
ښاخې، چاقو، کاشوغه
سرویس کارد و قاشق و چنگال
رومیزی

سټارټر

پیش‌غذا

اصلي خواړه

غذای اصلی

شیرني

دسر

څښاک

نوشیدنی ها

خواړه

غذا

بوتل

بطری

چای جوش

قوری

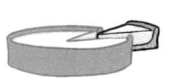

د کوڅې خواړه

اغذیه خیابانی

فاسټ فوډ

فست فود

اسپرسو مشین

دستگاه اسپرسو

برخه

پُرس غذا

قندانی

قندان

مجمه

سینی

رسید

صورتحساب

لوړه چوکی

صندلی پایه بلند غذاخوری بچه

قاشق

قاشق

پنجه

چنگال

چاکو

چاقو

گلاس

لیوان

سورویت

دستمال سفره

چای قاشق

قاشق چایخوری

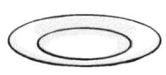

نالبکی
....
نعلبکی

د سوپ پلیټ
....
بشقاب سوپخوری

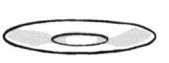

پلیټ
....
بشقاب

د مرچ ټکولو لوخی
....
فلفل ساب

مالگه شیندونکی
....
نمکدان

ساس
....
سس

مساله
....
ادویه جات

غوړي
....
روغن خوراکی

سرکه
....
سرکه

چکه
....
سس مایونز

شړشم
....
سس خردل

کچ اپ
....
سس کچاپ

لوی پلورنځی

سوپرمارکت

پیشنهاد ویژه
FOR
پیرودونکی
مشتری
لبنیات
لبنیات
میوه
میوه جات
چرخ دستی خرید

قصابي

قصابی

نانوایی

نانوایی

وزن کول

وزن کردن

سبزیجات

سبزیجات

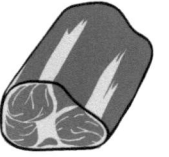

غوښه

گوشت

کنګل خواړه

غذای منجمد

د مینځلو پوډر
....
پودر لباسشویی

کنسروا خواړه
....
غذای کنسروی

یخه غوښه
....
مخلوطی از انواع کالباس یا پنیر که
ورقه ای بریده شده باشند

د پاکولو محصولات
....
ماده شوینده و پاک کننده

کورني تولیدات
....
لوازم خانگی

شیریني
....
شیرینی جات

صراف
....
صندوقدار

د نغدي راجستر
....
صندوق پرداخت

د پلور فرد
....
فروشنده

بټوه
....
کیف پول

کاري ساعتونه
....
ساعات کار

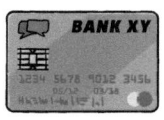

د پیرود لیست
....
لیست خرید

پلاستیک کڅوړه
....
کیسه ی پلاستیکی

کڅوړه
....
کیف

کریډیټ کارت
....
کارت اعتباری

څښاک

نوشیدنی ها

شیده

شیر

جوس

آبمیوه

اوبه

آب

بیر

آبجو

واین

شراب

کوک

نوشابه کوکاکولا

چای

چای

ککاو

کاکائو

الکول

الکل

کپچینو

کاپوچینو

اسپرسو

قهوه اسپرسو

کافي

قهوه

کيله
....
موز

مڼه
....
سيب

نارنج
....
پرتقال

هندوانه
....
انواع هندوانه و خربزه

ليمو
....
ليمو

گازره
....
هويج

هوږه
....
سير

بانکس
....
نی بامبو

پياز
....
پياز

مرخيړي
....
قارچ

چغزی
....
آجيل

آش
....
ماکارونی

سلاد

سالاد

وريجې

برنج

سپیګټي

اسپاگتی

پیزا

پیتزا

سره کړي کچالو

سیب زمینی سرخ شده

چپس

سیب زمینی سرخ کرده

کتره

شنیتسل

ساندويچ

ساندویچ

همبرګر

همبرگر

ساسچ

سوسیس

سلمي

سالامی

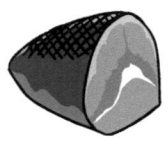

د پتون غوښه

ژامبون خوک

کب

ماهی

روسټ

نوعی گوشت سرخ شده

چرګ

مرغ

د جوار پلی

کورن‌فلکس

موسلي

نوعی صبحانه مخلوطی از برگه ذرت و
میوه های خشک شده و خشکبار که
معمولا با شیر خورده می شود

د وربشي شيرني

جوی پرک شده

د ډوډۍ رول

نان بروتشن

کروسانت

کرواسان

اوړه

آرد

بسکيټ

بیسکویت

ټوسټ

نان تست

ډوډۍ

نان

کیک

کیک

چکه

کشک

کوچ

کره

پنیر

پنیر

پښې هګۍ

تخم مرغ نیمرو

هګۍ

تخم مرغ

شهد

عسل

بوره

شکر

آیس کریم

بستنی

کورکمان

ادویه کاری

نوگـاتِ کریم

کرم شکلاتی بادامی

مربا

مربا

کرونده

مزرعه

د کروندي خونه
خانه ی مزرعه داران
غوجل
انبار غله
خمکه
مزرعه
اس
اسب
ماشین یدک کش
ټریکټر
تراکتور
کوچنی اس
کره اسب
خر
خر
پسه
گوسفند
وری
بره

خوسکی
....
گوساله

غوا
....
گاو ماده

وزه
....
بز

غویی
....
گاو نر

د خوک بچی
....
بچه خوک

خوک
....
خوک

مزرعه - کرونده

چرګوړی

جوجه

هیلۍ

اردک

بته

غاز

سارای موږک

موش صحرایی

بانګي

خروس

چرګه

مرغ

غویی

گاو نر اخته

موږک

موش

پیشک

گربه

د باغ هوز

شلنگ باغبانی

د سپي خونه

لانه ی سگ

سپی

سگ

یوی

گاوآهن

لور (داس)

داس دسته بلند

د اوبو لوخی

آبپاش

بڼاخی

چنگک باغبانی

رمبی

کج بیل

لور

داس

ناوه

آبشخور

کراچۍ

فرقون

تبر

تبر

کټاره

حصار

جوال

کیسه

د شیدو لوخی

بطری نگهداری شیر

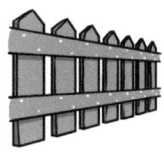

خاوره

خاک

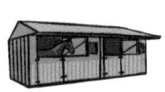

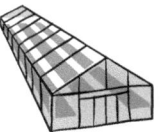

شنه خونه

گلخانه

مضبوط

اصطبل

کـډ ریبونکی ماشین

ماشین کمباین

سره/کود

کود

تخم

بذر

زیرمه کول
....
برداشت کردن محصول

درمند
....
محصول

خواړه کچالو
....
تمیس

غنم
....
گندم

سویا
....
سویا

کچالو
....
سیب زمینی

جوار
....
ذرت

نباتي تخم
....
کلزا

د میوی ونه
....
درخت میوه

مانیوک
....
گیاه مانیوک

غله
....
غلات

دودکش
بام
پشت بام
ناودان
ناودان
پنجره
گاراژ
د دروازې زنګ
زنگ در
دروازه
در
اشغالدانی
سطل آشغال
د لیک بکس
صندوق مراسلات
باغ
باغ

پخلنځی

آشپزخانه

حمام

حمام

د اوسیدو خونه

اتاق نشیمن

د خواړو خونه

ناهارخوری

د ماشوم خونه

اتاق بچه

د ویده کیدو خونه

اتاق خواب

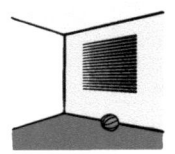

چت

سقف

دیوال

دیوار

فرش

کف زمین

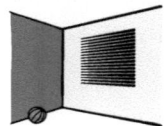

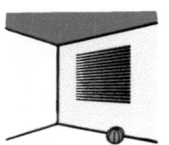

بالکوني

بالکن

سونا

سونا

زیرخانه

زیرزمین

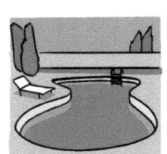

د چمن وهلو ماشین

ماشین چمنزنی

حوض

استخر

ټراس

تراس

تخت

تخت خواب

روجایی

روتختی

شیټ

ملافه

سویچ

سویچ یا کلید

بوکه

سطل

جارو

جارو

د اوسیدو خونه

اتاق نشیمن

والپیپر
کاغذ دیواری
عکس
عکس
لامپ
لامپ
شیلف
قفسه
الماری
کابینت
تلویزیون
تلویزیون
نغری
شومینه
گل
گل
بالښت
کوسن
صوفه
کاناپه
ګلدانی
گلدان
ریموټ کنټرول
کنترل تلویزیون و ویدئو و غیره

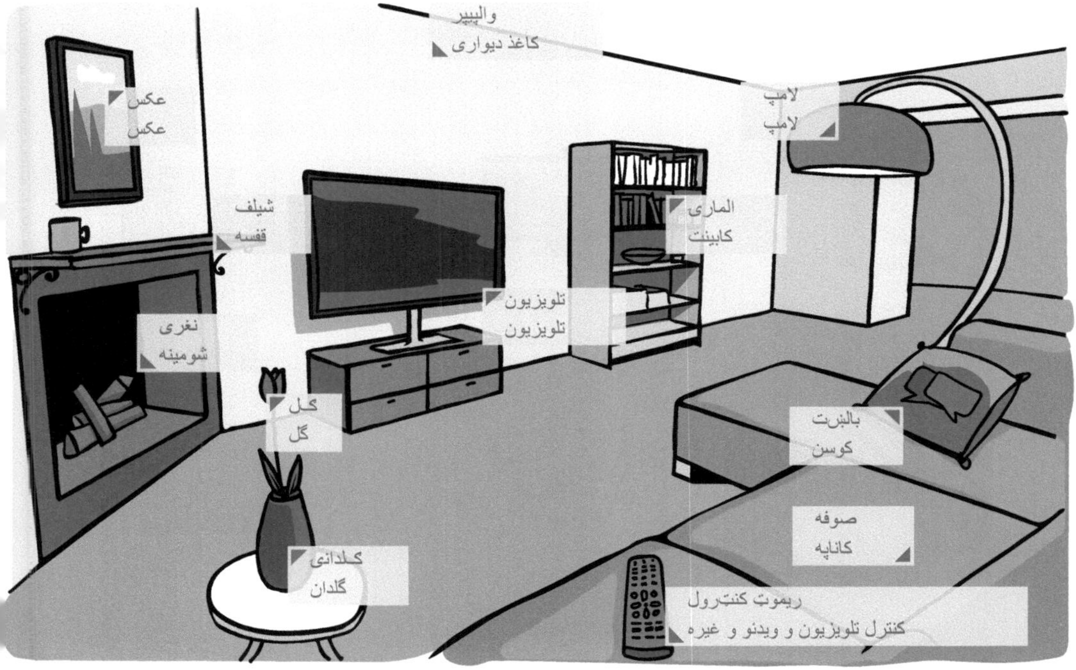

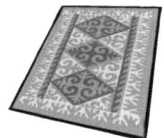

غالی
....
فرش

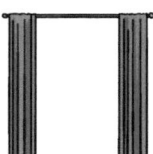

پرده
....
پرده

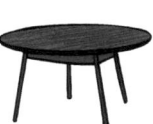

میز
....
میز

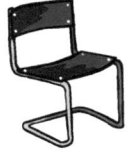

چوکۍ
....
صندلی

تاوېدونکي چوکۍ
....
صندلی گهواره ایی

بازو لرونکی چوکۍ
....
صندلی راحتی

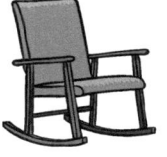

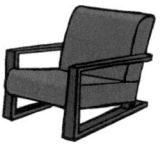

ډیکوریشن

دکوراسیون

کمپل

لحاف

کتاب

کتاب

هایفای

دستگاه ضبط صوت

فلم

فیلم

د اور لرګي

هیزم

نقاشي

تابلو نقاشی

ورځپاڼه

روزنامه

کلي

کلید

کتابچه

دفترچه یادداشت

راډیو

رادیو

پوسټر

پوستر

شمع

شمع

کاکتوس

کاکتوس

واکیوم جارو

جاروبرقی

مايكرو ويو اون
ماكروويو

فريج
يخچال

د پخلنځي تله
ترازوی آشپزخانه

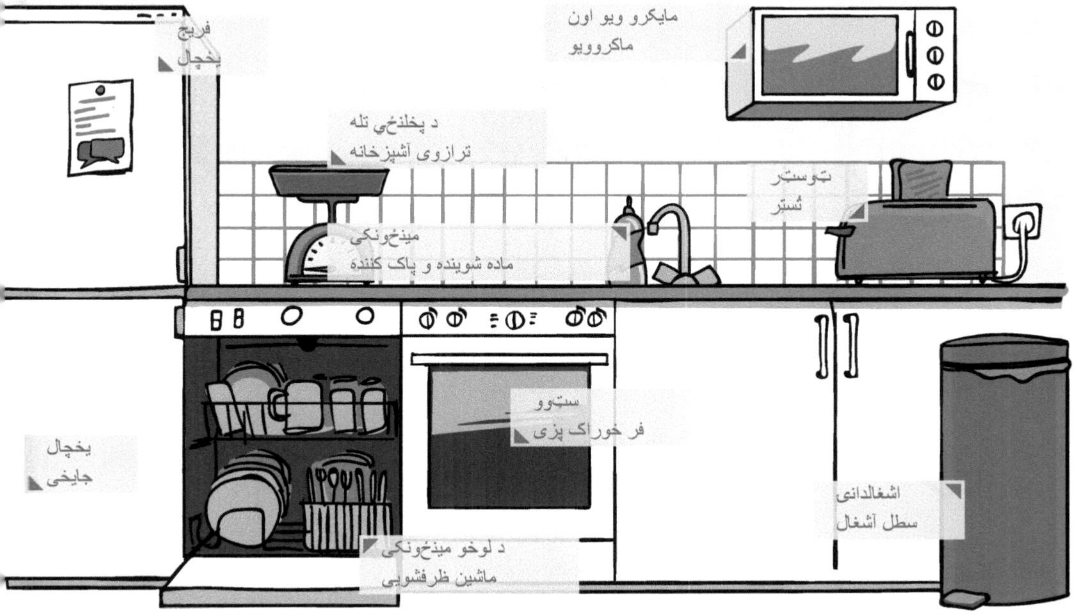

تـوسـتـر
تُستر

مينځونكي
ماده شوينده و پاک کننده

ستوو
فر خوراک پزی

يخچال
جايخی

اشغالدانی
سطل آشغال

د لوخو مينځونكي
ماشين ظرفشويی

ديگ بخار
....
اجاق گاز

لوخی
....
قابلمه

چدنی لوخی
....
قابلمه چدنی

ووک
....
ماهی تابه گود

د تلی په
....
ماهی تابه

چای جوش
....
کتری

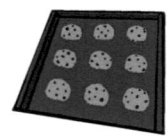

لوخي
....
ظرف چینی آشپزخانه

پتنوس
....
سینی فر

د بخار دیګ
....
بخارپز

د رانیولو اوزار
....
چاپستیک

کاسه
....
کاسه

مګ
....
لیوان

پاکونکی
....
همزن

کفګیر
....
کفگیر

څمڅۍ
....
ملاقه

ګریټر
....
رنده

غلبیل
....
آبکش

صافي
....
آبکش

خلاص اور
....
محل مخصوص افروختن آتش

بار بي کیو
....
باربیکیو

اونګ
....
هاون

تخته
....
تخته گوشت و سبزی

هوارونکی
....
وردنه

کارک سکریو
....
در بطری بازکن

ټیم
....
قوطی

د ټیم خلاصونکی
....
در قوطی بازکن

د لوخي ټوټه
....
دستگیره پارچه ای

ظرف شوی
....
سینک ظرفشویی

برس
....
برس گردگیری

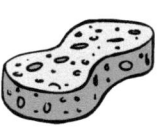

سپنج
....
اسفنج

بلينډر
....
مخلوط کن

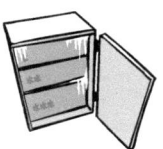

ژور یخچال
....
فریزر

د ماشوم بوتل
....
شیشه شیر بچه

نل
....
شیر آب

حمام

حمام

تودول
بخاری
جان پاک
حوله
شاور
دوش
د شاور پرده
پرده ی حمام
حمام کف
د حمام ټب
وان حمام
گلاس
لیوان
د مینځلو مشین
ماشین لباسشویی
نل
شیر آب
ټایلونه
کاشی
لگن دستشویی کودکان
ظرف شوی
سینک ظرفشویی

کمود
....
کاسه توالت

فرشي کمود
....
توالت ایرانی

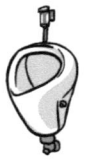

تشناب
....
توالت

د تشناب برس
....
فرچه توالت

تشناب کاغذ
....
دستمال توالت

د متیازو ځای
....
توالت مخصوص آقایان

حمام - حمام

د غاښونو نخ

....

نخ دندان

د غاښونو کریم

....

خمیردندان

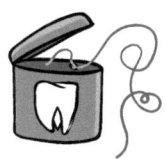

د غاښونو برس

....

مسواک

دوش

....

شلنگ توالت

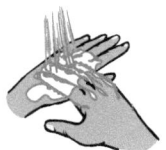

لاسي شاور

....

دوش آب تلفنی

مینځل

....

شستن

صابون

....

صابون

د شا برس

....

برس شست و شوی پشت

خانک

....

لگن روشویی

فلانل جامه

....

لیف حمام

شامپو

....

شامپو

د شاور ژل

....

شامپو بدن

سپری

....

اسپری دئودورانت

کریم

....

کرم

وچول

....

راه آب

ریزر
....
تیغ ریش تراشی

لاسي آینه
....
آیینه ی کوچک دستی

آینه
....
آیینه

ګمنځ
....
شانه ی سر

د خریلو وروسته
....
افترشیو

د خریلو فوم
....
کف ریش‌تراشی

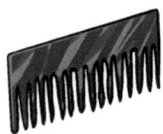

د ویښتانو سپری
....
اسپری مو

د ویښتانو وچونکی
....
سشوار

برس
....
برس

د نوکانو پالش
....
لاک ناخن

لیپ سټیک
....
رژلب

میک اپ
....
آرایش

عطر
....
عطر

ناخن ګیر
....
قیچی ناخن

کاټن وړی
....
پنبه

د وزن کولو تله
....
ترازو

سټول
....
چهارپایه

د مینځلو کځوړه
....
کیف لوازم آرایشی و بهداشتی

ټامپون
....
تامپون

د ربړ دستکش
....
دستکش ظرفشویی

د حمام پوښاک
....
حوله ی پالتویی

کیمیکل تشناب
....
توالت سیار

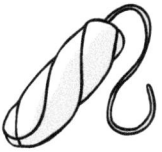

صحیی جان پاک
....
نوار بهداشتی

د ماشوم خونه

اتاق بچه

د الارم ساعت
ساعت زنگدار
د لوبو وسایل
نوعی عروسک نرم به شکل حیوانات
د نانځکي موټر
ماشین اسباب بازی
جغجغه

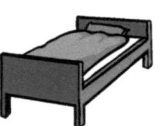

کالسکه
....
کالسکه بچه

تخت
....
تخت خواب

بالون
....
بادکنک

مسخره
....
داستان مصور

جیګسا
....
پازل

د لوبو ورقي
....
بازی ورق

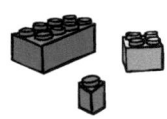

د اکشن فیګور
....
عروسک شخصیت های فیلم و کارتون

د ناڅکو بلاک
....
خانه سازی

لیګو بریک
....
اسباب بازی لگو

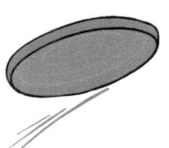

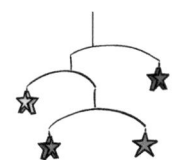

موبایل
....
نوعی اسباب بازی که روی تخت نوزاد
یا کودک نصب می شود

فریزبي
....
فریزبی

د ماشوم پوښاک
....
لباس نوزاد

ماډل ریل سیټ
....
قطار اسباب بازی

تاس
....
تاس

بورډ لوبه
....
بازی روی صفحه

د عکسونو البوم
....
کتاب مصور

پارټي
....
مهمانی

ګونګشی
....
پستانک

لوبیدل
....
بازی کردن

ناڅکه
....
عروسک

بال
....
توپ

نانځکي

اسباب بازی

سوينګ

تاب

د شګو کنده

جعبه شنی مخصوص بازی کودکان

ګوډګه

خرس عروسکی

ټرای سايکل

سه چرخه

د ويډيو لوبو کنسول

کنسول بازی های کامپيوتری

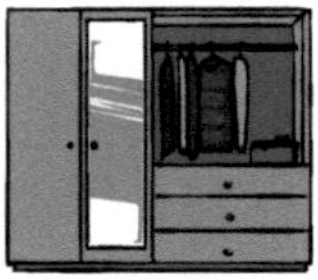

د کالو الماری

کمد لباس

پوښاک

لباس

ټايټس

جوراب شلواری

لوړي جرابي

جوراب زنانه ساق بلند

جرابي

جوراب

زروکی
شال

چتری
چتر

ټي شرت
تی شرت

کمربند
کمربند

بوټان
پوتین

سلیپر
دمپایی

سنیکر
کفش ورزشی کتانی

سیندل
صندل

بوټان
کفش

د ربر بوټان
چکمه پلاستیکی

زیرنیکري
شرت

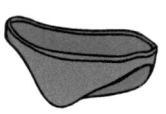

سینه بند
سوتین

واسکټ
جلیقه

جينز

جین

پتلون

شلوار

بادي

بادی

شرټ

پیراهن

بلاوز

بلوز

لمن

دامن

بليزر

نوعی کت

سويټر

سویی شرت

بنيان

پولیور

د باران کوټ

بارانی

کوټ

کت بلند

جاکټ

ژاکت

د واده پوښاک

لباس عروس

کالي

لباس

پوښاک

لباس نمایش

پاجامه

پیژامه

د شپې پوښاک

لباس خواب زنانه

دريشي

کت و شلوار

پټکی

عمامه

لوپټه

روسری

ساړي

ساری

عبا

عبا

کفتن

قبا

برقه

برقع

شارټ

شلوارک

نيکر

شرت شنا

د لامبو پوښاک

لباس شنا

دستکش

دستکش

پيش بند

پیشبند

د ځغاستي پوښاک

لباس ورزشی

لاس بند

دستبند

عینک

عینک

بټن

دکمه

غوږوالۍ

گوشواره

ګوتمه

انگشتر

غاړه کۍ

گردنبند

خولۍ

کلاه

کوټ بند

چوب لباسی

خولۍ

کلاه لبه دار

هیلمېټ

کلاه ایمنی

ځنځیر

زیپ

ټایی

کراوات

یونیفارم

لباس فرم

د ښوونځي یونیفارم

لباس مدرسه

تړونکی

بند شلوار

نیپي

پوشک بچه

ګونګشی

پستانک

بیب

پیش بند بچه

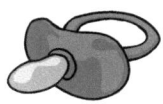

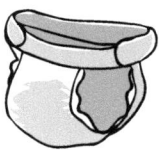

دفتر

اداره

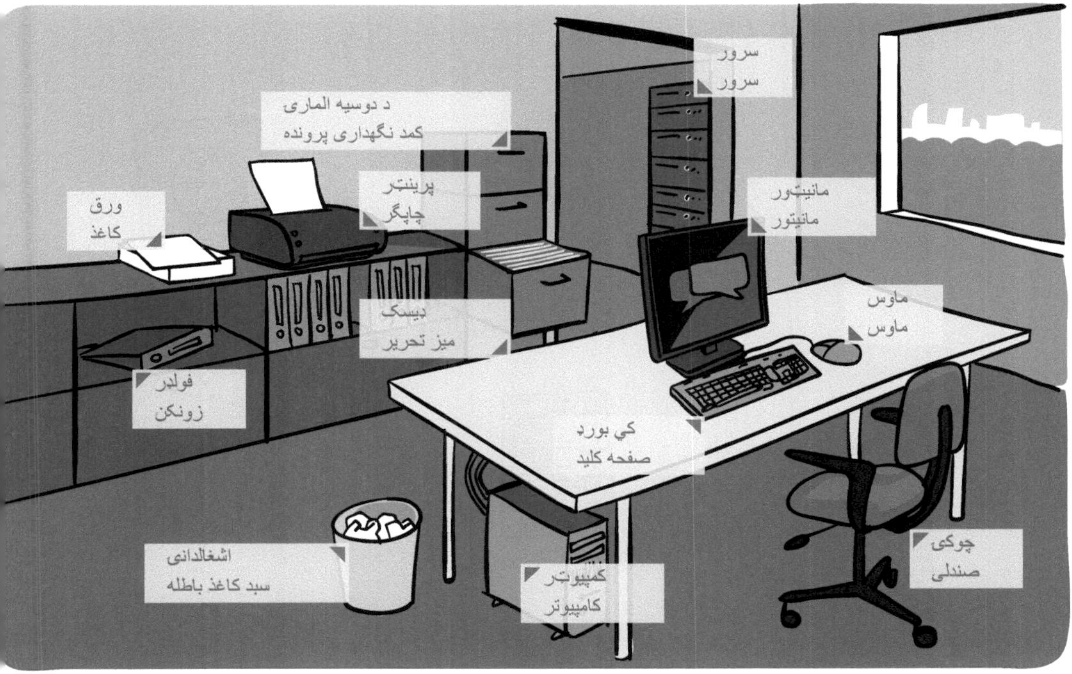

سرور
سرور
د دوسیه الماری
کمد نگهداری پرونده
پرینټر
چاپگر
ورق
کاغذ
مانیټور
مانیتور
ماوس
ماوس
میز تحریر
زونکن
کي بورډ
صفحه کلید
اشغالدانی
سبد کاغذ باطله
کمپیوټر
کامپیوتر
صندلی

انټرنیټ

اینترنت

کالکولیټر

ماشین حساب

د کافي پیاله

لیوان قهوه

پیغام

....

پیغام

لیک

....

نامه

لپ ټاپ

....

لپ تاپ

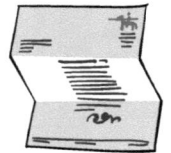

فوټوکاپیر

....

دستگاه فتوکپی

نیټورک

....

شبکه ی ارتباطی

موبایل

....

تلفن همراه

پلگ ساکټ

....

پریز

تلیفون

....

تلفن

سافټویر

....

نرم افزار

سند

....

مدرک

فارم

....

فرم

فکس مشین

....

دستگاه فاکس

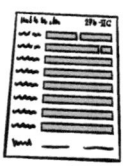

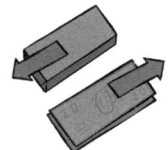

اقتصاد

اقتصاد

سوداګـري کول
....
تجارت کردن

تادیه کول
....
پرداخت کردن

پیرل
....
خریدن

EUR

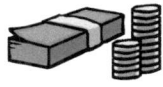

یورو
....
یورو

USD

ډالر
....
دلار

پیسې
....
پول

CHF

سویسي فرانک
....
فرانک سوئیس

RUB

ربل
....
روبل

JPY

ین
....
ین

ATM

د نغدي پیسو ځای
....
دستگاه خودپرداز

INR

روپۍ
....
روپیه

CNY

رینمینبي یوان
....
یوان رنمینبی

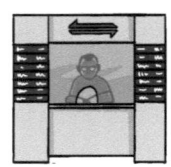

سپین زر

نقره

سره زر

طلا

د اسعارو د تبادلي دفتر

صرافی

نرخ

قیمت

انرژي

انرژی

تیل

نفت

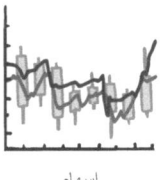

اسهام

سهام سرمایه

مالیه

مالیات

قرارداد

قرارداد

کار گومارونکی

کارفرما

کارمند

کارمند

کار کول

کار کردن

پلورنځی

مغازه

فابریکه

کارخانه

مسلکونه

مشاغل

د پولیسو افسر
مامور پلیس
د اطفایه غړی
آتش نشان
آشپز
آشپز
داکتر
دکتر
خلبان

خیاط

....

خیاط زنانه

نجار

....

نجار

باغوان

....

باغبان

د فلم لوبغاړی

....

بازیگر

کیمیا پوه

....

شیمیدان

قاضي

....

قاضی

کب نیونکی
....
ماهیگیر

د ټیکسي ډرایور
....
راننده تاکسی

د بس ډرایور
....
راننده اتوبوس

پېشخدمت
....
پیشخدمت رستوران

بام جوړونکی
....
سقف ساز

خدمه
....
نظافتچی زن

نانوا
....
نانوا

نقاش
....
نقاش

ښکاري
....
شکارچی

انجنیر
....
مهندس

تعمیر جوړونکی
....
کارگر ساختمانی

د برېښنا کارکونکی
....
برقکار

پوست رسونکی
....
پستچی

نلدوان
....
لوله کش

قصاب
....
قصاب

صراف

صندوقدار

مهندس

معمار

سرتیری

سرباز

کلینډر

مامور کنترل بلیط در قطار

نایی

آرایشگر

مالیار

گل فروش

د غاښونو ډاکټر

دندانپزشک

کپتان

ناخدا

میکانیک

مکانیک

امام

امام

ښاغلی

عالم یهودی

ساینس پوه

دانشمند

پادري

کشیش

مذهبي نفر

راهب

ابزارآلات

پلاس
انبردست
چکش
پیچکش
پیچ گوشتی
رینچ
آچار
څراغ
چراغ قوه

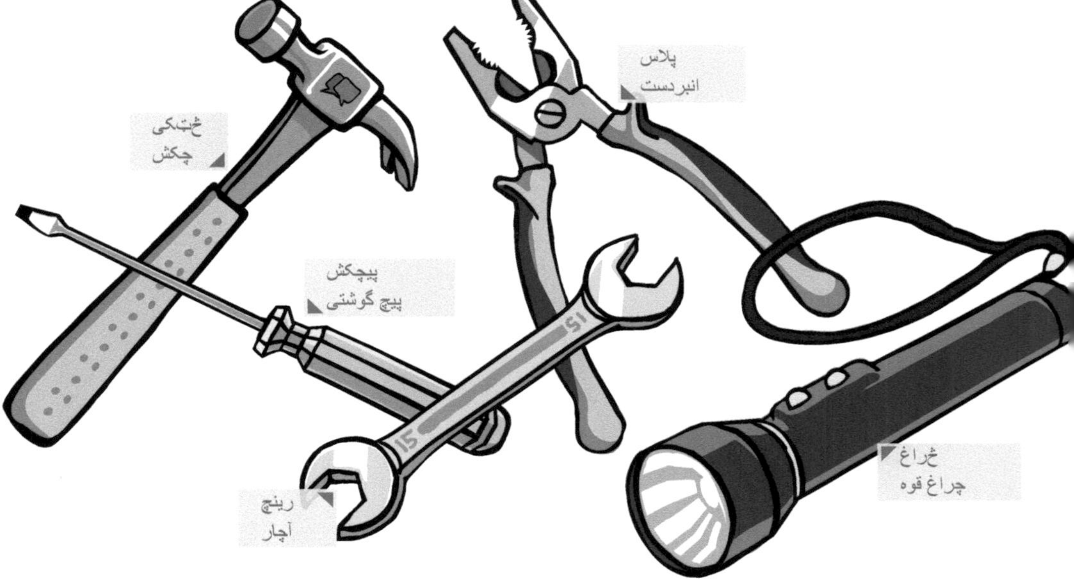

کنستونکی

بیل مکانیکی

د لوازمو بکس

جعبه ابزار

زینه

نردبان

اره

ارّه

میخونه

میخ

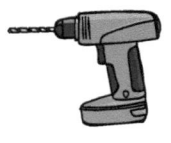

برمه

مته

لعنت!
....
لعنتی!

بیل
....
بیل

ترمیم کول
....
تعمیر کردن

پیچونه
....
پیچ

مشواڼی
....
سطل رنگرزی

خاک انداز
....
خاک انداز

د میوزیک آلات

آلات موسیقی

لاود سپیکر
بلندگو

ګیتار
گیتار

ډرم سیټ
درامز

ټرومپیټ
ترومپت

کنټرباس
کنترباس

باس

گیتار بیس

وایلن

ویولن

پیانو

پیانو

کي بورډ

کیبورد الکتریک

ډرمونه

طبل

نغاره

تیمپانی

مایکروفون

میکروفون

شپیلی

فلوت

سیکسافون

ساکسیفون

ژوبڼ

باغ وحش

ننوتو لاره
ورودی
ببر
پنجره
قفس
ګوره خر
گورخر
خوراک حیوانات
پاندا
خرس پاندا

کنګرو

کانگورو

هاتي

فیل

ژوی

حیوانات

ایږه

خرس

ګوریلا

گوریل

د اوبو اسپ

کرگدن

زمری

شیر

شترمرغ

شترمرغ

اوښ

شتر

طوطي

طوطی

غزی

فلامینگو

بیزو

میمون

شارک

کوسه

پینګوین

پنگوئن

قطبي ایږه

خرس قطبی

تمساح

تمساح

مار

مار

طاوس

طاووس

جګوار

پلنگ امریکایی

سیل

خوک آبی

ژوبڼ ساتونکی

نگهبان باغ وحش

یابو

اسب کوچک

پرانګ

پلنگ

هیپو

اسب آبی

زرافه

زرافه

باز

عقاب

نرخوګ

گراز

کب

ماهی

شمشتی

لاک پشت

سمندري نولی

شیرماهی

ګیدړه

روباه

هوسی

غزال

امریکایی فټبال
فوتبال آمریکایی
سایکل څغلول
دوچرخه سواری
تنیس
باسکیټبال
بسکتبال
لامبو
شنا
باکسينګ
بوکس
د کنګل هاکي
هاکی روی یخ

فټبال

فوتبال

کسیزه

بدمینتون

د څغاستي لوبې

دوومیدانی

د هندبال

هندبال

سکي

اسکی

پولو

پولو

خندل
خندیدن

ټوپ وهل
پریدن

غاړه ورکول
بغل کردن

گرځیدل
راه رفتن

سندري ویل
آواز خواندن

خوب لیدل
رؤیا دیدن

عبادت کول
دعا کردن

مچو کول
بوسیدن

لیکل
نوشتن

کښل
رسم کردن

ښودل
نشان دادن

ټیله کول
هل دادن

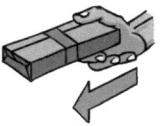

ورکول
دادن

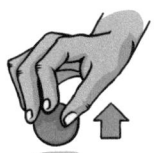

اخیستل
برداشتن

پاییدل

....

بودن

کول

....

انجام دادن

درلودل

....

داشتن

راکښل

....

کشیدن

منډې وهل

....

دویدن

ودریدل

....

ایستادن

غځملاستل

....

دراز کشیدن

لویدل

....

افتادن

ګوزارل

....

پرتاب کردن

کښیناستل

....

نشستن

وړل

....

حمل کردن

انتظار کول

....

منتظر بودن

پاڅیدل

....

بیدار شدن

ویده کیدل

....

خوابیدن

پوښاک اغوستل

....

لباس پوشیدن

برید کول
....
نوازش کردن

ژړل
....
گریه کردن

کتل
....
تماشا کردن

پوهیدل
....
فهمیدن

خبري کول
....
حرف زدن

ګمنځ کول
....
شانه کردن

څښل
....
آشامیدن

اوریدل
....
شنیدن

غوښتل
....
پرسیدن

مینه کول
....
عاشق بودن

پاکول
....
مرتب کردن

خوړل
....
خوردن

الوتل
....
پرواز کردن

موټر چلول
....
رانندگی کردن

پخلی کول
....
پختن

لوستل

....

خواندن

حساب

....

محاسبه کردن

بیړۍ چلول

....

قایقرانی کردن

واده کول

....

ازدواج کردن

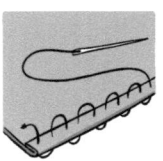

کار کول

....

کار کردن

زده کول

....

یاد گرفتن

وژل

....

کشتن

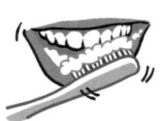

د غاښونو برس کول

....

مسواک زدن

ګنډل

....

دوختن

لیږل

....

فرستادن

سګرټ څښل

....

سیگار کشیدن

خانواده

نیا
مادربزرگ
نیکه
پدربزرگ
پلار
پدر
مور
مادر
ماشوم
کودک
لور
فرزند دختر
زوی
فرزند پسر

کاکا/ماما

دایی، عمو

ترور

خاله، عمه

میلمه

مهمان

خور

خواهر

ورور

برادر

تندی
پیشانی
چشم
مخ
صورت
زنه
چانه
ګوته
انگشت دست
لاس
دست
سینه
سینه
بازو
اوږه
شانه
پښه
ساق پا

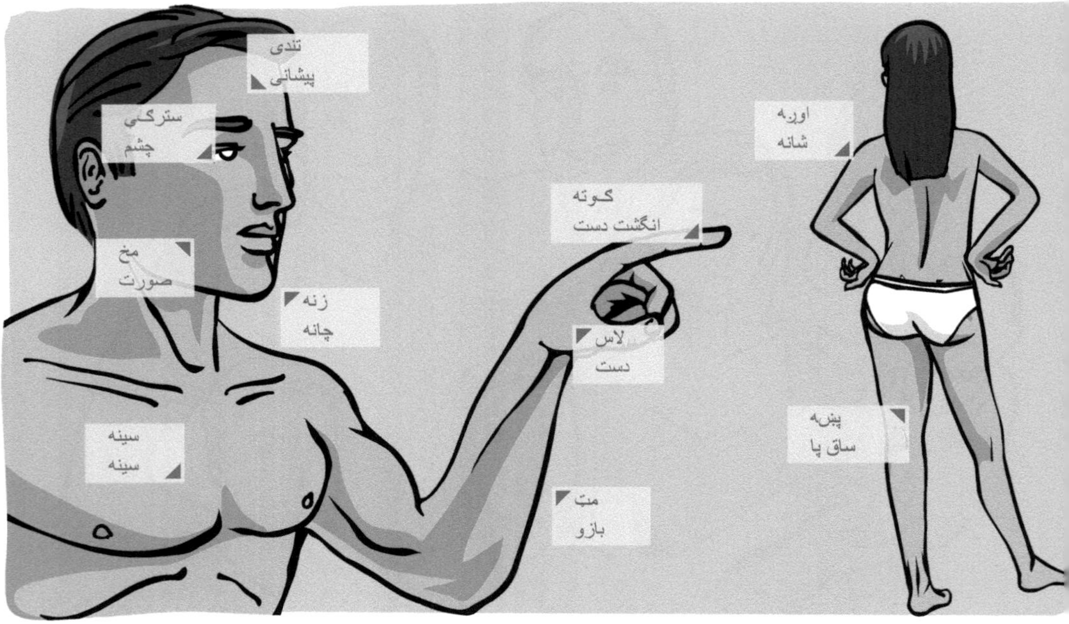

ماشوم

کودک

سړی

مرد

ښځه

زن

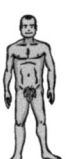

انجلۍ

دختربچه

هلک

پسربچه

سر

کله

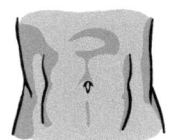

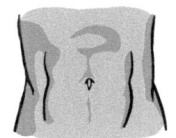

نوم
....
ناف

خېټه
....
شکم

شا
....
کمر

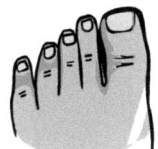

هډوکی
....
استخوان

پونده
....
پاشنه

د پښې ګوته
....
انگشت پا

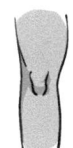

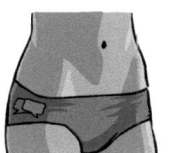

څنګل
....
آرنج

زنګون
....
زانو

کوناټې
....
لگن

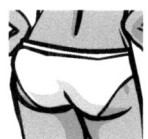

پوټکی
....
پوست

لاندې برخه
....
نشیمنگاه

پوزه
....
بینی

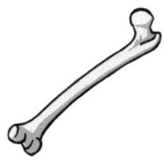

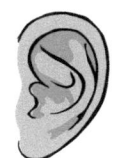

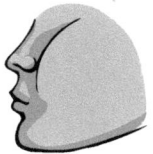

شونډه
....
لب

غوږ
....
گوش

غومبوری
....
گونه

ژبه

زبان

غاښ

دندان

خوله

دهان

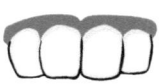

عضله

عضله

زړه

قلب

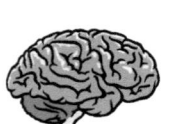

مغز

مغز

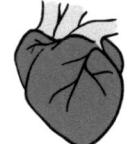

معده

معده

ځيګر

کبد

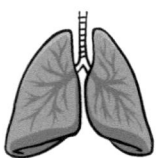

سږی

ریه

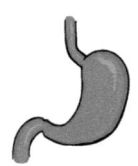

کانډوم

کاندوم

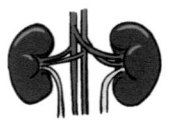

جنسي نږدې والی

آمیزش جنسی

پښتورګي

کلیه

حمل

حاملگی

مني

اسپرم

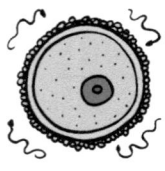

تخمه

تخمک

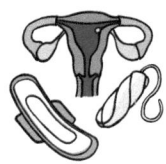

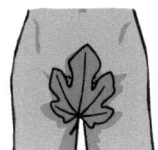

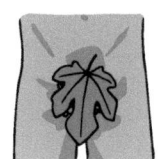

د نارينه تناسلي آله

....

آلت تناسلی مرد

مهبل

....

واژن

حيض

....

پریود

غاړه

....

گردن

ويښته

....

مو

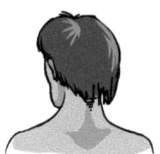

وروځی

....

ابرو

روغتون
بیمارستان

امبولانس
آمبولانس
ویل چیر
صندلی چرخ دار
کسر
شکستگی

ډاکټر

دکتر

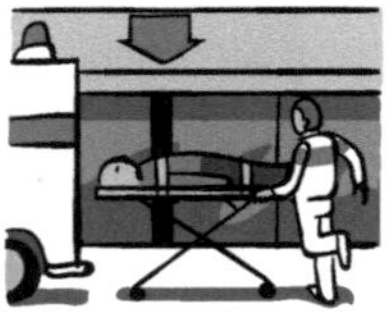

عاجل خونه

بخش اورژانس

رنځورپال

پرستار

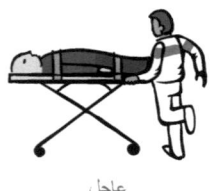

عاجل

موقعیت اضطراری

بي هوش

بی هوش

درد

درد

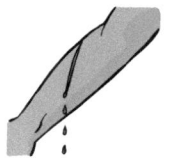

د زړه حمله

سکته قلبی

وینه تویدل

خونریزی

ټپ

مصدومیت

ټوخی

سرفه

حساسیت

آلرژی

ضرب

سکته مغزی

نس ناستی

اسهال

انفلوینزا

آنفولانزا

تبه

تب

شکر

دیابت

سرطان

سرطان

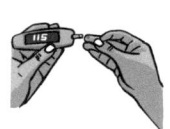

سر درد

سردرد

عملیات

عمل جراحی

سکالپل

چاقوی جراحی

جراح

جراح

التراساوند

سونوگرافی

ایکس ری

پرتونگاری

سيټي

سی تی اسکن

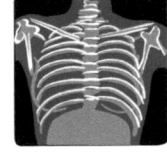

انتظار خونه

اتاق انتظار

ناروغي

بیماری

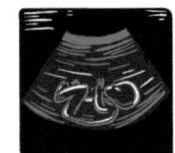

د مخ ماسک

ماسک صورت

بنداژ

پانسمان

پلستر

چسب زخم

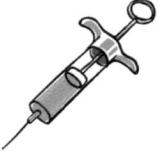

امسآ

چوب زیر بغل

تسکیره

برانکار

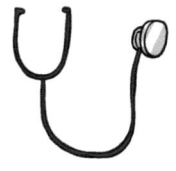

ستاتسکوپ

گوشی طبی

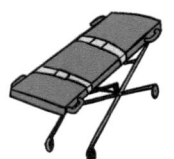

تزريق

تزریق

زیات وزن

اضافه وزن

زيږون

زایش

کلینکي ترمامیټر

دماسنج

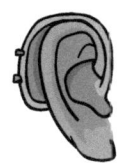

عفونیت
....
عفونت

د عفونیت ځخه پاکونکي مواد
....
ماده ضد عفونی کننده

د اوریدو مرسته
....
سمعک

درمل
....
دارو

ایچ.آی.وی/ایډز
....
اچ آی وی / ایدز

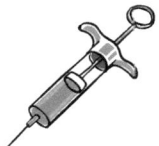

ویروس
....
ویروس

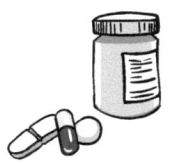

ګولۍ
....
قرص ضد حاملگی

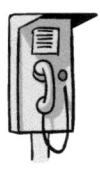

ټابلیټس
....
قرص

واکسین
....
واکسیناسیون

ناروغ/روغ
....
مریض / سالم

د ويني د فشار ځارونکی
....
دستگاه اندازه گیری فشارخون

عاجل تلیفون
....
تماس اظطراری

عاجل

موقعیت اضطراری

یرغل

حمله

الارم

آژیر خطر

مرسته!

کمک!

عاجل لاره

خروج اظطراری

خطر

خطر

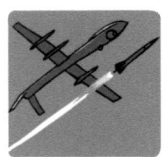

برید

حمله ی فیزیکی

پیښه

تصادف

د اور وژونکی

کپسول آتش‌نشانی

اور!

آتش

پولیس

پلیس

ایس.او.ایس

درخواست کمک

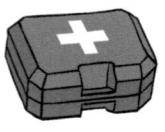

د لومړی مرستي لوازم

جعبه کمک های اولیه

ځمکه

کره زمین

سهيلي امريکا

آمریکای جنوبی

شمالي امريکا

آمریکای شمالی

اروپا

اروپا

آستريليا

استرالیا

آسيا

آسیا

افريقا

آفریقا

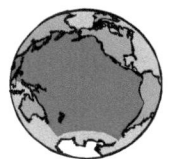

د هند بحر

اقیانوس هند

پاسيفيک

اقیانوس آرام

اتلانتيک

اقیا نوس اطلس

شمالي قطب

قطب شمال

د شمال قطب بحر

اقیانوس منجمد شمالی

جنوبي منجمد بحر

اقیا نوس اطلس جنوبی

ځمکه

کره زمین

انټارکټیکا

قاره قطب جنوب

سهیلي قطب

قطب جنوب

ټاپو

جزیره

بحر

دریا

ځمکه

سرزمین

دولت

کشور

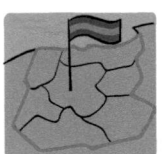

ملت

ملت

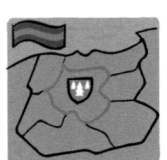

ساعت

ساعت

د مخي ساعت
....
صفحه ی ساعت

د ساعت ستنه
....
ساعت شمار

د دقیقي ستنه
....
دقیقه شمار

د ثانیی ستنه
....
ثانیه شمار

څه وخت دی؟
....
ساعت چند است؟

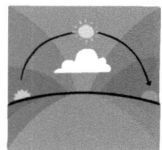

ورځ
....
روز

وخت
....
زمان

اوس
....
اکنون

ډیجیټل ساعت
....
ساعت دیجیتال

دقیقه
....
دقیقه

ساعت
....
ساعت

پرون
....
دیروز

نن
....
امروز

سبا
....
فردا

سهار
....
صبح

غرمه
....
ظهر

ماښام
....
غروب

MO	TU	WE	TH	FR	SA	SU
1	2	3	4	5	6	7
8	9	10	11	12	13	14
15	16	17	18	19	20	21
22	23	24	25	26	27	28
29	30	31	1	2	3	4

کاري ورځې
....
روزهای کاری

MO	TU	WE	TH	FR	SA	SU
1	2	3	4	5	6	7
8	9	10	11	12	13	14
15	16	17	18	19	20	21
22	23	24	25	26	27	28
29	30	31	1	2	3	4

د اونۍ پای
....
آخر هفته

کال

سال

باران
باران
رنگین کمان
رنگین کمان
باد
باد
واوره
برف
پسرلی
بهار
اوری
تابستان
منی
پاییز
ژمی
زمستان

د موسم وړاندوینه
....
پیش‌بینی اوضاع جوی

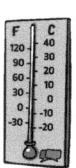

ترمومیټر
....
دماسنج

د لمر وړانګې
....
تابش آفتاب

وریځ
....
ابر

لړه
....
مِه

رطوبت
....
رطوبت هوا

توفان

طوفان

تندر

آسمان غره

رڼا

صاعقه

سیلاب

سیل

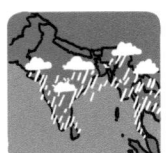

مون سون باران

باد موسمی

ږلی وریدل

تگرگ

فبروري

فوریه

جنوري

ژانویه

یخ

یخ

می

مه

اپرېل

آوریل

مارچ

مارس

اګست

آگوست

جولای

ژوئیه

جون

ژوئن

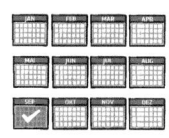

نومبر

نوامبر

اکتوبر

اُکتبر

سپتمبر

سپتامبر

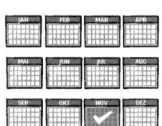

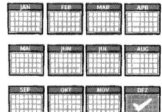

دسمبر

دسامبر

شکلونه

آشکال

مستطیل

مستطیل

مربع

مربع

دایره

دایره

فال

مکعب مربع

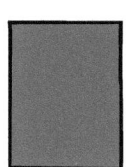

توپ

گُره

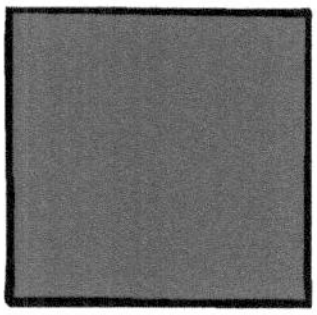

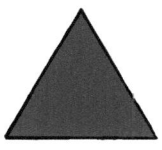

مثلث

سه گوش

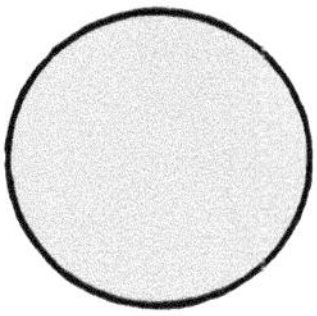

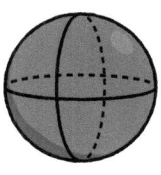

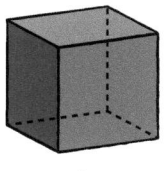

رنګونه
رنگ ها

نارنجي
....
نارنجی

ژیر
....
زرد

سپین
....
سفید

ارغواني
....
بنفش

سور
....
قرمز

ګلابي
....
صورتی

نسواري
....
قهوه ای

شین
....
سبز

نیلي
....
آبی

تور
....
سیاه

خړ
....
خاکستری

متضاد ها

ښکلی/بدشکله
....
زیبا / زشت

قار/ارام
....
خشمگین/ آرام

خورا ډير/خورا لږ
....
خیلی / کم

روښانه/تیاره
....
روشن / تیره

لوی/کوچنی
....
بزرگ / کوچک

پیل/پای
....
شروع / پایان

مکمل/نامکمل
....
کامل / ناقص

پاک/ککړ
....
تمیز / آلوده

ورور/خور
....
برادر / خواهر

پراخه/نری
....
پهن / باریک

مړ/ژوندی
....
مرده / زنده

ورځ/شپه
....
روز / شب

پاريدلي/بي خونده

....

هیجان زده / بی حوصله

بد/مهربان

....

غضبناک / مهربان

د خوراک وړ/نه خوړل کیدونکی

....

قابل خوردن / غیر قابل خوردن

ملګری/دښمن

....

دوست / دشمن

لومړی/وروستی

....

اولین / آخرین

چاق/وچ

....

چاق / لاغر

درووند/سپک

....

سنگین / سبک

سخت/نرم

....

سفت / نرم

ډک/تش

....

پر / خالی

غیرقانوني/قانوني

....

غیرقانونی / قانونی

ناروغ/روغ

....

مریض / سالم

لوږه/تنده

....

گرسنگی / تشنگی

نږدې/لرې

....

نزدیک / دور

کيڼ/ښي

....

چپ / راست

هوښیار/ساده

....

باهوش / خنگ

بډا/ځوان
....
پیر / جوان

هیڅ/یوڅه
....
هیچ چیز / چیزی

نوی/زوړ
....
نو / استفاده شده

غلی/لوړ غږ
....
آهسته / بلند

خلاص/تړلی
....
باز / بسته

چالان/بند
....
روشن / خاموش

زیږ/ملایم
....
زبر / صاف

صحیح/غلط
....
درست / غلط

بډایه/غریب
....
ثروتمند / فقیر

سست/ګړندی
....
کند / تند

لنډ/اوږد
....
کوتاه / بلند

خفه/خوښ
....
غمگین / خوشحال

جګړه/سوله
....
جنگ / صلح

ګرم/یخ
....
گرم / خنک

لوند/وچ
....
تَر / خشک

0

صفر
....
صفر

1

يو
....
يک

2

دوه
....
دو

3

دری
....
سه

4

څلور
....
چهار

5

پنځه
....
پنج

6

شپږ
....
شش

7

اوه
....
هفت

8

اته
....
هشت

9

نهه
....
نه

10

لس
....
دَه

11

يولس
....
يازده

12	13	14
دولس	دیارلس	څوارلس
دوازده	سیزده	چهارده
15	16	17
پنځلس	شپاړس	وولس
پانزده	شانزده	هفده
18	19	20
اتلس	نولس	شل
هجده	نوزده	بیست
100	1.000	1.000.000
سل	زر	میلیون
صد	هزار	میلیون

ژبې
زبان ها

چینایی مندرین

چینی ماندارین

امریکایی انګلسي

انگلیسی آمریکایی

انګلسي

انگلیسی

فرانسوي

فرانسوی

هسپانوي

اسپانیایی

هندي

هندی

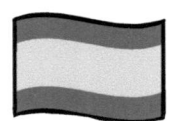

پرتګالي

پرتغالی

روسي

روسی

عربي

عربی

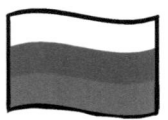

جاپاني

ژاپنی

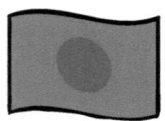

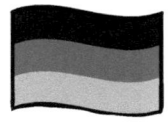

آلماني

آلمانی

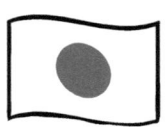

بنګالي

بنگالی

هغه/دغه/دا
....
او

ته
....
تو

زه
....
من

دوی/هغوی
....
آنها

تاسي
....
شما

موږ
....
ما

څنګه؟
....
چگونه؟

څه؟
....
چی؟

څوک؟
....
چه کسی؟ کی؟

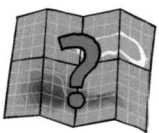

نوم
....
نام

کله؟
....
کِی؟

چیري؟
....
کجا؟

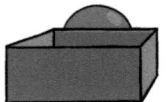

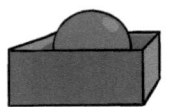

په مخه کې

جلو

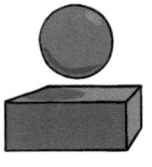

په

توی

شاته

پشت

لاندې

زیر

په

روی

باندې

بالای

ځای

مکان

ترمینځ

بین

برسیره پر

مجاور

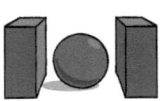